LES

Recherches de Noblesse

EN PROVENCE

Sous Louis XIV et Louis XV

CONSIDÉRÉES AU POINT DE VUE DE LEUR VALEUR DOCUMENTAIRE

ET HISTORIQUE

par

Le Baron du ROURE

PARIS

Honoré CHAMPION, libraire

5, quai Malaquais

1910

LES
RECHERCHES DE NOBLESSE EN PROVENCE
sous Louis XIV et Louis XV

LES
Recherches de Noblesse

EN PROVENCE

Sous Louis XIV et Louis XV

CONSIDÉRÉES AU POINT DE VUE DE LEUR VALEUR DOCUMENTAIRE
ET HISTORIQUE

par

Le Baron du ROURE

PARIS

Honoré CHAMPION, libraire

5, quai Malaquais

1910

Avant d'aborder le sujet proprement dit de cette étude, je crois devoir la faire précéder de quelques explications sur la signification du mot *noble*, dont les Recherches de Noblesse et les Nobiliaires ont fait un si généreux usage.

Dans les *Notes pour servir à la généalogie des familles Provençales*, parues en 1899, j'avais mis en garde le lecteur contre une interprétation abusive du mot *noble*, qui, employé seul comme qualificatif, n'impliquait, d'une façon générale, qu'une idée de notoriété, cette expression ne pouvant servir de présomption de noblesse aristocratique, si je puis m'exprimer ainsi, pour ceux dont elle accompagnait le nom.

J'ai reçu, à ce sujet, d'assez curieuses protestations de plusieurs lecteurs dont l'un, entre autres, m'écrivait : « Cette « qualification (de noble) est un indice d'un vieux reste de « noblesse d'une famille tombée et aucun auteur, même « critique des plus acerbes, n'est allé jusqu'à soutenir ce que « vous avancez, et je ne sais plus quel est l'auteur qui a dit « qu'il y avait plus de faux roturiers que de faux nobles « jadis ». Le mot *noble* exerce, de nos jours encore, une telle fascination sur beaucoup d'esprits que je ne suis pas surpris qu'il y ait des personnes très convaincues de la noblesse authentique des nombreux marchands, chaussetiers, laboureurs, potiers, savetiers et autres artisans qui, dès le XVe siècle, prirent le qualificatif de *nobilis*. Elles croient retrouver en eux les débris d'une ancienne noblesse, remontant tout au moins aux temps féodaux, puisque son origine ne

peut que se perdre dans la nuit des temps, en l'absence de
tout titre et document justificatif qui permette de la soup-
çonner.

On peut cependant serrer la question de près et je mon-
trerai tout à l'heure, par un certain nombre d'exemples,
combien est fragile la base de ces prétentions. Mais, si j'ai
trouvé dans des documents originaux une preuve péremptoire
de ce que j'avance, je n'ai pas la prétention d'avoir ainsi fait
une découverte. Bien d'autres, avant moi et mieux que moi,
ont constaté la même vérité et exprimé la même opinion.
Je citerai seulement, parmi les ouvrages récents et non sus-
pects d'une sévérité puritaine, l'*Annuaire* de Borel d'Haute-
rive et le *Bulletin Héraldique de France*, deux publications
fort répandues et connues de tout le monde.

Dans l'*Annuaire* de 1877, page 320, on trouve les lignes
suivantes : « On sait que le mot *noble*, placé devant le nom
d'une personne, était, au siècle dernier, surtout dans le midi
de la France, l'équivalent du mot *bourgeois* ».

Au tome I du *Bulletin Héraldique*, col. 39, 82 et 233, on
peut lire ce qui suit : « A partir du xvie siècle, la qualité de
noble homme fut souvent considérée, par une singulière
contradiction, comme excluant toute idée de noblesse et
s'appliquant uniquement à la bourgeoisie. — La qualification
de *noble homme* s'appliquait, en Provence, aux bourgeois et
non aux nobles ; celle même de *noble* a quelquefois été prise
dans le même sens et signifiait notable plutôt que noble
proprement dit. — Il en est de même de celle de *noble et
égrège personne* et de celle d'*illustre* que, dans le voisinage
de l'Italie (1), on appliquait souvent, sans aucune raison, à
des individus de condition fort modeste ».

Je ne multiplierai pas les citations, mais on ne relira pas
sans intérêt, l'emprunt que je fais à M. Mireur, le savant et
consciencieux archiviste départemental du Var, dans son
Histoire des rues de Draguignan. « Rien ne précise mieux
le véritable sens de l'ancienne expression de *noble*, simple
synonyme de *notable* ou *honorable*, que la traditionnelle
formule de *noble bourgeois*, qui est bien le plus monstrueux

1. C'est-à-dire en Provence et dans le Comtat Venaissin.

accouplement de mots et d'idées. Elle évoque, à tort, le souvenir comique du type de vanité et de sottise bourgeoise, immortalisé par le génie de Molière ; car, ces honorables boutiquiers enrichis n'avaient point tant de prétention que de se croire et de se dire gentilshommes. Pour aider leurs petit-fils à franchir le saut devant lequel leur bon sens à eux et la crainte du ridicule les eussent toujours fait reculer, il a fallu l'aide de la Révolution qui, en supprimant la noblesse comme institution, a eu pour effet, assez imprévu, de multiplier à l'infini le nombre des nobles ou prétendus tels. En effet, jadis le bourgeois ou même le paysan, cela s'est vu, acquéreur d'une portion de seigneurie, restait aux yeux de quiconque et surtout du fisc, de tout temps très clairvoyant, un simple roturier » (1).

Monsieur Mireur rappelle ensuite les lignes qui suivent d'un érudit bien connu M. Brette, dans son : *Recueil de documents relatifs à la convocation des Etats généraux 1789* (2). «... En Provence, ailleurs encore, *noble maître* ou *noble homme* étaient des qualifications roturières. Dans les actes de baptême, rédigés en latin, fréquents encore au xviiie siècle, le mot *nobilis, filius nobilis viri*, n'avait d'autre sens que celui de distingué, sans aucune acception de noblesse... Ce mot *noble*, précédant le nom, eut été, presque partout, regardé comme une offense par un noble de race... Les titres seuls et non les mots avaient, en ces matières, une valeur réelle ».

Pour ceux qui n'attachent de prix qu'à l'estampille officielle, je rappellerai un arrêt du conseil privé du roi, du 4 janvier 1699, lequel, se fondant sur ce que le mot *noble* était un simple titre de courtoisie, ayant seulement pour but d'honorer la profession de ceux qui l'avaient usurpé, décharge les avocats et médecins de Lyon des poursuites dirigées contre eux, mais sans que cette qualification puisse faire acquérir la noblesse à leurs enfants (3).

Si l'on veut un autre exemple, bien typique, on n'a qu'à

1. Voir l'article 258 de l'ordonnance de Blois (1579).
2. Paris, Imp. Nat. 1896, T. ii, 604.
3. Cet arrêt a été imprimé et se trouve dans plusieurs Recueils.

parcourir le répertoire qui se trouve en tête des Notes Brèves de 1449 du notaire Hugues Lansoti, de Tarascon, où se trouve le bail du *prostibulum* de Tarascon « *pro nobili Alasaxia Rogiera, abbatissa prostibuli* ».

Je pourrais, enfin, à ceux qui conserveraient des doutes ou des illusions sur la valeur conventionnelle du mot noble, montrer les pièces suivantes, en original, concernant la famille Aubert de Villeserain. Ce sont trois actes d'acquisitions faites par Pierre Aubert, s^r de Villeserain, en date des 14 et 15 octobre 1598 et 29 octobre 1627, passés, les deux premiers devant Jacques Sainctonge, et le troisième, devant Pierre Chenot, notaires à Orléans. Les qualités de l'acquéreur ont été soigneusement grattées sur la grosse et, cousue au parchemin, se trouve la note que je transcris textuellement : « Cette liasse contien trois acte qui sont en parche-
« main ou il faut reformer les calités ; il y en a deux ou il y
« a : *noble home Pierre Aubert*, et, au lieu, il faut mettre :
« *noble Pierre Aubert, escuier, sieur de Villeserin*, et, au
« lieu de : *dame Marie Massuan, sa fame*, il faut mettre :
« *damoiselle Marie Massuan*. Le troisième acte en parche-
« main est de Renaud Aubert auquel il faut auter la calité de
« *noble homme* et mettre Renaud Aubert, *escuier, sieur de
« Villeserin* ». Le scribe chargé de la falsification ne s'est pas senti, probablement, la main assez sûre et les vides grattés n'ont pas été remplis (1).

Puisqu'il est question de fausses attributions de noblesse, je signalerai l'opinion fort répandue que toutes les familles ayant des chevaliers de Malte sont nobles. Prise dans un sens aussi général, cette assertion est complètement inexacte ; car, jusque vers le commencement du XVIe siècle, les enquêtes relatives à la noblesse des chevaliers étaient — en Provence tout au moins — de pure forme ou n'existaient même

---

1. Le malheureux *noble homme* finit par trouver un tabellion complaisant ; car, peu après, dans son contrat de mariage du 2 mars 1631 (Bruneau et Gaultier, au Châtelet de Paris), Renaud Aubert, fils de feu Pierre, est qualifié suivant son désir : « Regnault Aubert,
« escuyer, s^r de Villeserain, fils de damoiselle Marie Massuault,
« veuve de feu Pierre Aubert, vivant escuyer, sieur de Villeserain ».
(Grosse en parchemin aux Archives de Barbegal).

pas et rien n'autorise à déclarer que l'ordre se recrutait alors exclusivement parmi les familles nobles. Raimond Guiran, chevalier en 1432, commandeur de Montélimar et de Tournon, n'était-il pas fils d'un apothicaire d'Aix ? Je ne citerai que celui-là — les Guiran ayant disparu depuis longtemps — car il faut ménager toutes les vanités. Bien postérieurement, du reste, certaines de ces preuves sont établies d'après des témoignages trop bienveillants ou sur le vu d'actes falsifiés et il serait téméraire d'affirmer que les chevaliers de la langue de Provence, au nombre de plus de 3.000, étaient tous de familles nobles. Ce n'est d'ailleurs que sous Aloph de Vignacourt, élu grand-maître en 1601, que le règlement des preuves fut définitivement arrêté.

Comme conclusion, je dirai que cette expression *noble*, avec le sens équivoque qui lui a été donné dès le milieu du XVe siècle, est, comme quelques autres néologismes, à la fois le voile et le véhicule de l'erreur. Cette erreur dans les conceptions a passé dans le domaine des faits, lors des Recherches de Noblesse.

Les grandes enquêtes nobiliaires faites dans toute la France, de 1666 à 1715 environ, tout en prétextant la séparation entre le bon grain et l'ivraie, étaient, en réalité, l'occasion d'un marchandage fructueux entre les traitants et les intéressés. Elles avaient été précédées d'édits royaux de mars 1655, décembre 1656, février 1662, commettant les cours des Comptes et des Aides, chacune dans leur ressort, pour soumettre à une enquête sévère les titres de tous ceux qui prétendaient à la noblesse. Cette procédure ne donna que de mauvais résultats et on nomma des commissaires spéciaux pour chaque province, par arrêts du Conseil des 22 mars 1666 et 5 mai 1667. Les commissaires s'entendirent avec des traitants, ce qui porta les recherches sur un terrain où les compromis étaient faciles.

C'est à cette époque qu'il faut rapporter la plupart des falsifications, grattages, surcharges et actes apocryphes que l'on trouve dans les minutes notariales ; je puis en parler en connaissance de cause, ayant feuilleté des centaines de ces régistres. En comparant les originaux ainsi que les analyses, publiées dans la série E des archives départementales de la région, avec les actes produits lors des jugements de noblesse, on est vite édifié sur la valeur et l'authenticité des preuves apportées par les intéressés. Il faut consulter aussi les insinuations des diverses sénéchaussées, dont on n'a pu aussi facilement dénaturer le texte que chez les notaires ; ceux-ci n'ayant pas toujours été suffisamment à l'abri des influences locales. On y constatera, notamment pour la seconde moitié du XVIe siècle, les plus flagrants démentis aux épithètes pompeuses dont s'émaillaient les preuves de noblesse des maintenus. J'y renvoie le lecteur sceptique qui serait tenté de considérer les jugements de Belleguise et Le Bret comme un document historique. L'incohérence la plus complète y règne souverainement (1).

En voici deux exemples :

Les lettres de noblesse des Azegat, d'Arles, impétrées en 1650, furent révoquées en 1667 ; c'est pourtant sur le vu de ce titre aboli qu'ils furent maintenus nobles en 1708. Il est vrai que cette pseudo-noblesse n'en imposait à personne, et il fallut un bref du pape, du 12 novembre 1781, pour faire figurer la famille d'Azegat dans les preuves pour Malte de Joseph de Chiavari-Cabassolle.

Les Bertet, de Tarascon, appartenaient à la bonne bourgeoisie de la ville, milieu social où l'on s'intitulait, sans autres formalités, noble et écuyer ; cela suffit pour les faire reconnaître officiellement nobles en 1708 ; mais lorsque Elzéar d'Arbaud-Jouques, petit-fils d'une Bertet, se présenta à Malte, en 1782, il n'osa produire le jugement de Lebret et demanda au pape un bref le dispensant de prouver la noblesse de cet ascendant.

Il est probable qu'il en fut de même dans les autres

---

1. Pour que le lecteur ne soit pas obligé de me croire sur parole, je donnerai, à titre de simple échantillon, une vingtaine d'exemples de maintenues pour des familles qui n'avaient jamais été nobles ou qui ont produit des titres notoirement falsifiés. Il eut été facile d'en grossir considérablement la liste, mais on comprend la réserve à observer en pareil cas.

provinces — les mêmes causes devant produire les mêmes effets.

MM. de Foras et Maréchal (Arm. de Savoie, t. IV, 72, 76, 288) donnent des exemples de la légèreté avec laquelle les preuves étaient admises en Touraine, en Bourgogne. J'ai fait des constatations analogues pour diverses maintenues en Languedoc et on en trouvera de nombreux cas dans un ouvrage aussi remarquable par son étendue que par sa consciencieuse érudition « Le Dictionnaire des familles françaises » par M. Chaix d'Est-Ange.

Comme on ne pouvait deviner, a priori, lors des Recherches, que les choses se passeraient aussi commodément, *en famille*, certains candidats à la noblesse s'empressèrent de faire disparaître, dans les actes passés à ce moment, les qualificatifs compromettants pris quelques années auparavant. C'est ainsi que Balthazar Nabon, *écuyer* de St-Tropez, dans son premier contrat de mariage, en 1663, redevient *bourgeois* de St-Tropez dans celui de 1669. Jean Martini, dans son contrat de mariage de 1666, se dit fils de *noble* Antoine, *écuyer*, mais, en 1669, son frère Vincent, en se mariant, supprime prudemment dans l'acte toute épithète nobiliaire. Pierre Pasquet, de Draguignan, s'intitule *écuyer* dans son contrat de mariage de 1633, et dans celui de sa fille Marguerite en 1662; il revint à des idées plus saines, en avançant en âge, car, dans son testament de 1672 il n'est plus que *bourgeois* de Draguignan, comme l'avait été son père. Jean Paultrier, arbore fièrement les qualificatifs de *noble* et *écuyer*, dans une donation à son frère Antoine, en 1638. Ce dernier, plus modeste, se contente de la qualité de *bourgeois*, déjà supérieure à celle de leur père Antoine qui n'était que *marchand* à Draguignan.

Ces citations n'ont pour but que de faire constater le peu de cas que l'on faisait, au milieu du XVIIe siècle, dans les usages et l'opinion publique, de ces titres de *noble* et *écuyer*, soi-disant distinctifs de la vraie noblesse.

Les traitants le savaient mieux que personne. Aussi voit-on l'intendant Lebret déclarer à Pierre de Libertat, poursuivi comme faux noble, que les qualités de noble et écuyer n'étaient qu'une simple affaire de complaisance de la part de ceux qui dressaient les pièces (1).

Ces jugements de maintenue ont été appréciés comme il convenait par les écrivains dont l'érudition et la valeur sont admis sans conteste.

Dans son Histoire de Sisteron, qui restera comme un modèle de monographie locale, M. de Laplane écrit ces quelques lignes: « Leurs jugements [des commissaires délégués], privés de cette autorité morale, qui est la force de la justice, ne purent empêcher les faux nobles de reprendre leurs titres et la plupart de les conserver » (2). Le b^{on} de Coston, bien placé pour vérifier les actes sur les minutes originales, écrit les lignes suivantes : « Mais, s'il est avec le ciel des accomodements, à plus forte raison y en avait-il avec les commissaires chargés de cette vérification. Plusieurs d'entre eux acceptaient très bien un sac d'écus ou un rouleau de louis pour ne pas regarder de trop près et ne pas vérifier, en se faisant représenter les vieilles minutes des actes, si les mots *marchand* ou *bourgeois* n'avaient pas été remplacés par ceux de *noble* ou d'*écuyer* sur les expéditions qu'on leur produisait. Le duc de St-Simon s'exprime ainsi sur leur compte : ils dépêchent besogne, leurs secrétaires la défrichent et font force nobles pour de l'argent ; aussi, est le proverbe : qu'ils en font plus qu'ils n'en défont » (3). Enfin, M. Mireur, dont j'ai déjà invoqué la haute autorité, voudra bien me permettre de lui faire un dernier emprunt, qui résume admirablement la question : « Ce qu'il se commit, en cette occasion, de supercheries, justiciables aujourd'hui de la cour d'assises, ce qu'il s'altéra d'originaux, s'opéra de surcharges et d'interpolations, ce qu'il se fabriqua d'expéditions frauduleuses étonnerait, sans doute, la candeur de ceux que ma première

---

1. Cité par M. Timon-David dans la généalogie Libertat, p. 60. — *Etude généalogique et domestique sur les familles de Casaulx, d'Aix et de Libertat*. Marseille, 1880, in-8°.

2. Hist. de Sisteron, Digne, 1843, t. II, p. 285.

3. Hist. de Montélimar ; II, 179.

hypothèse du faux mariage, imputable à de fausses copies, paraît avoir scandalisés » (1).

Je n'appelle ici en témoignage que des auteurs bienveillants qui, loin de chercher à dénigrer la noblesse, s'efforçaient d'en sauvegarder le prestige. Quant aux autres, je ne conteste pas qu'ils ont beau jeu pour plaisanter avec une ironie facile, mêlée d'un filet de vinaigre, ce travers assez innocent de nos bons bourgeois, si désireux de changer de caste et d'en imposer par leurs prétentions à la crédulité des générations suivantes.

Si l'on s'en tient aux publications imprimées, avant la Révolution, sur la Noblesse de la Provence et qu'on veuille se faire ainsi une idée sur ses vieilles familles, il est certain que l'on pourra attribuer, avec un peu de bonne volonté, une importance capitale au mot *noble ;* car on indique dans ces nobiliaires nombre de maisons comme sorties d'une très ancienne et haute noblesse, laquelle n'a d'autre origine que ce qualificatif de *nobilis.*

Cependant ces auteurs font autorité, direz-vous, et quelle prétention de vouloir en savoir plus long à ce sujet que Louvet, l'abbé Robert de Briançon, Maynier et Artefeuil, qui ont eu en mains les titres probants, comme ils l'affirment, et connaissaient par eux-mêmes la plupart des familles dont ils retraçaient l'histoire!

A Dieu ne plaise que je veuille refaire une *Critique* que Barcilon de Mauvans a esquissée jadis : elle lui a valu des ressentiments qui durent encore et que je me soucie peu de perpétuer (2).

1. Le prétendu mariage morganatique du duc d'Epernon, Draguignan, 1887 ; p. 65.

2. A l'instar de l'abbé de Barcilon, un généalogiste moderne a voulu faire pour le Comtat une Critique du Nobiliaire de Pithon-Curt et des familles Avignonaises. Ce médiocre pastiche, imprimé à Avignon, sans nom d'auteur, en 1879, semble avoir utilisé des renseignements pris dans les papiers du Cte de Blégiers de Pierregrosse et du Mis de Seguins. Très inférieur à la tâche qu'il a entreprise, l'auteur n'énonce que de vagues assertions, qui n'ont rien de bien nouveau ni d'intéressant ; quelques points qu'il précise plus

Je ne parlerai que pour mémoire de Louvet tombé, au point de vue généalogique, dans un discrédit complet.

Mais veut-on savoir ce que pensait de l'abbé Robert et de Maynier un homme qui passe, même de nos jours, pour avoir une certaine compétence en la matière ; qu'on lise les observations et lettres de Charles d'Hozier que je reproduis ci-après.

Quant à Artefeuil, son livre était si peu estimé lorsqu'il parut, qu'il ne put en placer que fort peu d'exemplaires, malgré ses flatteries et le nombre considérable de familles plus ou moins nobles qu'il a citées. Je renvoie, pour les péripéties de cet ouvrage, à l'étude très documentée publiée par M. le Vte de Rozière dans la Revue Héraldique de 1868.

nettement sont, en partie, inexacts. Cette *Critique* n'a aucune valeur au point de vue généalogique et très peu d'intérêt comme œuvre de médisance, seul but que l'auteur paraît avoir poursuivi.

EXEMPLES

DE FAMILLES BOURGEOISES ANOBLIES LORS DES RECHERCHES DE NOBLESSE OU AYANT PRODUIT DES TITRES FAUX

Les ALMÉRAN étaient d'honorables bourgeois à Saint-Remy, mais il serait bien difficile d'expliquer pour quelles raisons ils furent maintenus nobles en 1669, ne l'ayant jamais été auparavant. Sur la minute du contrat de mariage de *discret jeune homme* Jacques Alméran, fils *d'honorable homme maître* Antoine Alméran, notaire, et de noble Bellone de Rognac, de Saint-Remy, avec Jeanne Biord, du 23 septembre 1535 (Nicolai, not. à Arles) on a — assez maladroitement d'ailleurs — transformé le mot *honorabilis* en *nobilis*.

Comme les précédents, les BÉRENGUIER, de Tarascon, ont joui d'une certaine notoriété, mais s'ils ont produit, lors des recherches, des actes du commencement du xvie siècle où ils se qualifiaient *nobles*, ils ont certainement anticipé sur le qualificatif. Car Gabriel Bérenguier, auquel remontent les preuves, n'est désigné qu'avec la qualité *d'honorable homme* (1), ce qui indique qu'il appartenait à la classe des artisans ou cultivateurs. Il avait épousé, en 1508, Madeleine Davin, fille d'un cultivateur de Tarascon, et veuve d'Etienne Léautaud, également cultivateur. Ses trois fils Guillaume, Bernard et Antoine paraissent avec la qualification *bourgeois, discret homme* (2). On se rend compte, par conséquent, en comparant ces actes à ceux que rapporte le jugement de maintenue, que les Bérenguier, comme tant d'autres, ont exhibé au traitant des expéditions d'actes falsifiées.

La famille de BIORD est issue de François Biord, berger d'Arles, mort vers 1460, dont les descendants ne furent pas anoblis et n'exercèrent aucune charge anoblissante. Pala-

1. Protocole de Jean du Puy, à Arles, à la date du 19 fév. 1518.
2. Prot. d'Accurse de Thoro, à Tarascon, f° 9.

mède Biord, descendant au 5ᵉ degré de François, fut reçu docteur en droit à Avignon, en 1607, titre considéré comme conférant une sorte de noblesse. Mais le doctorat n'a jamais été un titre primordial d'anoblissement et ne le transmettait, d'ailleurs, dans le Comtat, que lorsque le fils du docteur devenait lui-même docteur, ce qui n'est pas le cas ici. Les Biord furent néanmoins maintenus en 1668 et 1708. Ils ont donné un membre à l'ordre de Malte.

Les BOCHE, d'Arles, ont fait fortune dans le commerce de la draperie, dès le commencement du xvᵉ siècle (1). Par de nombreux maquillages sur les minutes de notaires et la production de faux contrats, ils ont su se faire maintenir en remontant à Rixendis Boche, personnage fictif, dont le prénom féminin n'a d'ailleurs pas troublé la sagacité des commissaires députés.

Noble Jean BRUN, qui a fait les sgrs de Boëdes, Caille et Rougon, et auteur de ceux qui furent maintenus en 1666, était fils d'un cardeur à laine de Draguignan, vivant au milieu du xvɪᵉ siècle (2).

Les CIPIÈRES étaient marchands à Aix au milieu du xvɪᵉ siècle. Leur origine judaïque (3) ne laisse aucun doute sur celle de leur noblesse qui fut proclamée en 1669 par Belleguise.

Les CLÉMENT, venus de Draguignan à Arles et Tarascon, au milieu du xvᵉ siècle, s'enrichirent comme apothicaires et merciers (4). N'ayant jamais été anoblis, ils s'intitulèrent

---

1. Bonnemant, *Nob. d'Arles*, ms. à la Bibl. d'Arles, n° 301.

2. Mireur. *Rues de Draguignan*.

3. Du Roure, *Les Néophytes en Provence*.

4. L'original du contrat de mariage de noble Jacques Clément, épicier de Draguignan, habitant d'Arles [sa boutique était tout proche de l'église Ste-Croix], avec Catherine, fille naturelle de Charles de Castillon, du 2 fév. 1448-9, se trouvait au f° 361 du rég. de Guill. Raymond; il en fut arraché le 12 sept. 1786, ainsi que l'atteste une note du notaire Véran, détenteur de la minute, note qu'il a insérée dans son *Répertoire*, qui se trouve aux archives d'Arles. L'abbé Bonnemant avait analysé l'acte avant sa disparition. Cf. ms. de la Bibl. d'Arles, n° 301, *verbo* Castillon.

nobles eux-mêmes, ce qui suffit, lors de la recherche de 1669 pour les reconnaître comme tels.

Les GLEYZE, issus d'un charpentier venu d'Alby à Arles, vers 1550, ne se sont pas donné beaucoup de peine pour se faire maintenir nobles par le Bret, en 1704. L'abbé Bonnemant, dans son Nobiliaire d'Arles (1), raconte, d'après le témoignage personnel du nouvel anobli, comment la chose se passa à Aix. Les actes qu'ils produisirent, à ce moment, ne donnent pas une haute idée de la capacité professionnelle de ceux qui avaient à les examiner.

Noble Alban de GUILHON, apothicaire et marchand drapier (2), avait-il trouvé des parchemins de noblesse dans la boutique que son père Vésian acheta à Draguignan en 1514? Personne ne l'a jamais su, attendu que des commissaires députés ont négligé de nous en informer lorsqu'ils déclarèrent *noble* Jean de Guilhon, sgr d'Allons, arrière petit-fils d'Alban.

Je ne cite que pour mémoire les LAUGIER, sgrs. de Montblanc, à Arles, qui se prétendaient issus des anciens sgrs de Thoard. Ils sont originaires des Baux où ils étaient simples cultivateurs et artisans. Leur généalogie, que j'ai publiée en 1906, donne, à ce sujet, tous les détails désirables.

La maison DES LAURENS (devenus marquis de Brue et StMartin) a été anoblie par des charges au parlement. Mais lors des recherches de 1668, on produisit des titres faisant remonter leur noblesse au milieu du xive siècle. Pierre de Laurens, conseiller au parlement, en 1623, était fils d'autre Pierre, bourgeois de Draguignan, fils lui-même de Jean, noble savetier à Draguignan, où Bernard, père de ce dernier, tenait boutique vers 1540 (3).

Les enfants de Laurent de MALESPINE furent maintenus nobles en 1669, comme descendants d'Emeric de Malespine, sgr de Montjustin. Cet Emeric était néophyte (4) et

1. Bibl. d'Arles, ms., n. 301.
2. Mireur, *loc. cit.*
3. Ibid., *loc. cit.* et Insin. de Draguignan.
4. *Les Néophytes en Provence.*

commerçait à Aix ; noble Laurent, son fils, est qualifié bourgeois d'Aix en 1573, dans le contrat de mariage de sa fille avec Jean Mazargues, (1) d'origine juive, comme Emeric.

Les MARTINI, sgrs d'Orves, furent maintenus nobles en 1700 et 1707, sur le vu de pièces très authentiques, faisant remonter leur noblesse à 1484. Par malheur, Vincent de Martini eut maille à partir avec Mathurin Pichon, de Toulon, dont la fille avait été séduite par Louis de Martini, fils du susdit Vincent. Pichon produisit, en 1707, une série de 84 actes notariés, prouvant la roture de Martini qui s'appelait tout bonnement Martin (2).

Les MULETI appartenaient à la haute bourgeoisie de Tarascon ; ils ont produit des notaires et des contrôleurs du grenier à sel, mais n'ont jamais eu de noblesse avant celle que leur découvrirent les commissaires, en 1667 et 1710.

Les NICOLAI, d'Arles, d'origine juive (3), se sont trouvés greffés sur les Nicolaï, du Languedoc, et anoblis de cette façon, par jugement de Belleguize en 1669.

Comme les précédents, les ORGON, sgrs de Puimichel, sont d'extraction Judaïque (3). Ils s'enrichirent dans le commerce à Pertuis et, bien que n'ayant jamais été anoblis, furent déclarés nobles en 1697, sur le vu d'une suite d'actes, ornementés des plus brillantes qualifications, mais malheureusement faux pour la plupart.

François PERRACHE, vivant au milieu du XVIe siècle, et par lequel les maintenues de 1667, 68, 98 et 1788 commencent la filiation, était fils de Barthélemy, cordonnier, originaire de Fayence, qui n'a pu transmettre à sa descendance d'autre noblesse que celle qu'il avait lui-même (4).

Les mémoires du précédent Congrès des Sociétés Savantes de Provence nous apprennent que les PEYSSONEL, nonobstant

1. Insin. d'Aix, IV, f° 110 ; v^{bis} f° 333.

2. Invent. des Arch. de Barbegal, n°s 1389-90.

3. *Les Néophytes en Provence.*

4. Mireur, *Rues de Draguignan*, et Insin. de Draguignan, 1568-76 f° 1162.

l'enregistrement en la Cour des Comptes d'une très illustre origine, descendent d'un clerc de Lyon, notaire à Lorgues, qui eut une longue postérité de tabellions, médecins et savants distingués, mais sans aucune trace de la noblesse que leur conféra Lebret en 1710 et 1711.

Le moyen employé par les du Port, sgrs de la Vignolle et de Thoard, pour se faire maintenir nobles est assez simple. Ils se sont rattachés aux du Port, de Savoie, sgrs de Pierre-Chatel et Champ d'Azar, dont Guichenon a donné la généalogie, moyennant une soi-disant enquête, faite à Belley, en 1581. Mais, d'après des actes dont j'ai eu les originaux sous les yeux, ils descendent de Michel du Port, marchand à Beaucaire, déjà fixé en cette ville, bien avant l'époque à laquelle la susdite enquête le fait venir de Savoie en Provence. Les du Port sont d'ailleurs d'origine juive (1).

Les Privat, sgrs de Molières et Fontanille, à Tarascon, ont pour principale illustration Vincent Privat, grenetier à sel de Tarascon en 1530, charge de mince noblesse que les commissaires trouvèrent suffisante en 1667 et 1709.

La maintenue de 1666 mentionne les nobles aïeux des Seguiran remontants au commencement du xv⁰ siècle. Leur origine plus modeste nous est montrée par les actes des notaires de Barjols (arch. du Var, série E), prouvant que Melchior de Seguiran, sgr de Vauvenargues, qui illustra les débuts du Parlement d'Aix, était fils d'un notaire, petit-fils lui-même d'un cordonnier de Barjols. Les frères du conseiller étaient marchands à Barjols et y firent une longue suite de chaussetiers.

Ces quelques exemples — qu'il serait aisé de multiplier — suffiront pour édifier le lecteur et lui permettre de se faire une opinion ; cette étude ayant uniquement pour but de faire constater, qu'au point de vue de la vérité historique, les jugements des commissaires députés — et les nobiliaires qui les reproduisent et les complètent — n'ont qu'une valeur documentaire très restreinte. Leur résultat le plus palpable

---

1. Les Néophytes en Provence. — Voir aussi, *les Meyran et leurs Alliances*, p. 57, note.

a été de prouver l'incapacité ou la vénalité des commissaires, et de jeter le discrédit sur les familles les plus distinguées, dont l'ancienne et très authentique noblesse, en cette compagnie suspecte, n'arrive plus à se distinguer de la noblesse apocryphe d'une légion de parvenus.

NOTES

De la main de Charles D'Hozier, qui se trouvent dans le premier volume de l'exemplaire imprimé du *Nobiliaire de Provence* de l'abbé Robert, conservé dans la réserve de la Bibliothèque Nationale, et sur les trois premiers feuillets de l'exemplaire manuscrit T. I. du *Nobiliaire de Provence*, Nos 32601-32604 du Fonds Français, au *Cabinet des Titres*, anciens 775-778.

Outre quelques notes que j'ai faites dans ce volume & dans les deux autres sur les maisons, races & familles nobles & roturières & leurs origines, confondues pesle mesle par l'auteur vénal de ce mauvais ouvrage ; et outre le mémoire des quelques notes sur quelques-unes de ces familles qui m'a été envoyé de Marseille par M. de Ruffi, auteur de la 2ᵉ histoire de lad. Ville et... d'Antoine Ruffi, qui avoit aussi publié la mesme histoire, il faut pour s'assurer mieux de ce qu'il y a de vrai et de faux dans les trois vol. de cet Etat de Provence revoir sous leur nom chacune des généalogies comprises et traitées dans cet ouvrage, tant dans les trois vol. ms. de la main du sr. Robert, sur lesquels j'ai fait aussi plusieurs notes, que dans les autres généalogies séparées des mesmes noms qui sont dans leur ordre alphabétique répandues parmi celles de mon cabinet que j'ai dédié au Roi.

Ces tables généalogiques sont écrites de la main de feu sr. Dominique Robert, prêtre de la ville de Riez en Provence, et dressées par lui la plupart sur les titres dont il avoit eu communication pendant la recherche de la noblesse de Provence. Cet homme qui s'appelloit de son nom de batesme Melchion ou Melchior Robert, avoir été Religieux Dominiquain à Aix & c'est là où il s'étoit apliqué à la recherche de des mémoires généalogiques pendant que les Comʳᵉˢ Généraux du Conˢˡ députés par le Roi en Provence travailloient à la Vérification des nobles de cette Province. Mais ennuyé de son état de moine, il quitta son ordre vers l'an 1685 & se mit dans celui de Cluni, afin de se séculariser & de vivre dans l'indépendance. Ensuite étant venu à Paris, il fit connoissance avec moi & co᷉e j'avois besoin d'une personne entendue pour faire les extraits et les mémoriaux des diverses preuves de noblesse auxquelles je suis employé tant pour les pages de la maison du Roi, que pour les filles demoiselles que l'on reçoit dans la maison Royale de Saint-Louis à St-Cyr, dans le parc de Versailles. Je commençai à me servir de lui en 1686, en le payant en proportion de sa peine & il continua cette occupation jusqu'en 1703, que toujours ennuyé par son esprit inquiet, il se tourmenta tant qu'il trouva un petit bénéfice à Talmont en Poitou, où croyant pouvoir vivre enfin tranquillement, pendant quelques années, il y mourut le 25 du mois de septembre de l'an 1704.

Avant de partir de Paris, comme il avoit mis en dépôt chez les Pères Théatins une partie des mémoires qu'il avoit ramassés & pour lui-mesme et pend' qu'il avoit travaillé pour moi, averti qu'un religieux de cette maison des Théatins appelé le père Olympe avoit ces mémoires, parce qu'aparemment il lui devoit quelque argent, j'achetai pour la somme de 40 liv. le 22 novembre 1706 tout ce que je trouvai entre les mains de ce religieux, savoir le 1er Vol. des Généalogies & le 3e, le second s'étant trouvé égaré. — Ce second volume je l'ai acheté depuis et par là tout est réuni en ce qui concerne la totalité de ces diverses tables.

C'est sur ces tables généalogiques que ledit feu sr Robert forma le plan du nobiliaire de Provence, qu'il fit imprimer à Paris l'an 1693, en trois assez gros volumes in-12, comme il travailloit pour de l'argent et sans trop s'embarrasser de sa réputation, quoique Religieux & prestre, il a farci ce nobiliaire de plusieurs généalogies pleines des visions et des faussetés que lui ont fait mettre dans cet ouvrage ceux qui l'ont payé pour cela, entre autres ceux de Valbelle, Riqueti, Puget &c.

Cependant tout ce qu'il a dit en faveur de l'extraction de ces races qu'il a traitées (il a lui-mesme détaillé sa conduite) est pleinement détruit dans un cahier de sa main que j'ai parmi ses autres mémoires & ce cahier où il marque au vrai ce qu'il a trouvé dans les divers titres des familles de Provence, & puis l'on apprend par là la véritable origine de chacune de celles qui ont une vitieuse, roturière ou juive, d'où l'on doit conclure que quelque soin que les hommes prennent pour tromper en s'en faisant acroire, ceux qui les servent le mieux dans leurs illusions sont ceux là même qui en prenant leur argent & se moquant en particulier de leur extravagante vanité, ramassent avec le plus d'attention & de malignité tout ce qui peut découvrir & instruire la postérité de ce qu'ils ont prétendu le plus de cacher au public, & la joie que l'on sent d'être informé au vrai de toutes les petitesses & souvent des hontes de leur extraction, fait qu'on ne manque pas de les répandre, de manière que ces familles ainsi démasquées ont ensuite le déplaisir de s'être rendues méprisables, en se flattant qu'avec le recours d'une plume vénale, elles pourraient se supposer des ancêtres différents de ceux dont on sait toujours découvrir la bassesse originaire.

C'est pourquoi les gens sages & les gens d'honneur & de probité qui ont de la Religion et de la Vertu s'en tiennent fixément & sans honte à ce que Dieu & la nature les ont fait naitre, parce qu'ils relèvent par leurs bonnes qualités un défaut qu'on ne doit pas leur imputer. La différence de la naissance n'étant qu'un effet du hasard ou plutôt étant un décret de la Providence, c'est pourquoi l'usage qu'on vit faire des vertus chrétiennes & morales à ces hommes que Dieu a favorisé de ses dons et qui se sont rendus respectables par l'étendue de leur esprit & de leurs lumières, nous apprend qu'on s'annoblit bien plus par la droiture de son cœur & par l'humilité sans bassesse, que les plus ambitieux sortis des plus hautes races du monde ne peuvent faire, en tâchant de s'élever au dessus des autres par tous les efforts de leur orgueilleuse présomption.

Voir les diverses notes que j'ai faites dans ce nobiliaire & ce que j'ai dit encore au sujet dudit Sr Robert sous la lettre R. où il a parlé de sa famille en faisant mention de celles qui portent le même nom de Robert en Provence.

Il est à propos de marquer de plus, à la teste de ce premier volume des tables généalogiques des familles de Provence, que la plupart ont été prises et copiées sur les mesmes généalogies en entier, principalement des grandes maisons de ce pays que feu mon père avoit dressées de son vivant en faveur d'une noblesse qu'il honorait & dont chaque particulier de ces races le favorisoit de son estime comme leur compatriote, motif qui les avoit tous excités à lui communiquer, chacun séparément, les mémoires et les titres sur lesquels il avoit formé son dessin qu'il avoit exécuté avec beaucoup d'exactitude. Mais le succès qu'a eu ce grand ouvrage qui contenait trois grands portefeuilles in fol. chacun de 4 à 5 jours a été que le feu Sr Louis de Cormis, président à mortier au Parlement d'Aix, étant venu à Paris l'an 1664, quatre ans après la mort de son père, il me tourna de manière qu'ayant encore peu de connoissances du mérite & de la valeur d'un travail qui avoit occupé plusieurs années le soin & les recherches de mon père, j'eus la facilité de lui abandonner tout ce qu'il me demanda, sur la parole qu'il me donna de faire lui-même imprimer le tout à Aix ; mais ses enfants qui ne se soucièrent point après lui de suivre les intentions de leur père, communiquèrent ou plutôt abandonnèrent à ce père Dominique Robert alors Dominiquain à Aix, tout ce que j'avois confié & c'est là-dessus que ce religieux joignant les connaissances qu'il s'étoit acquises en travaillant sous un de ses parents commissaire pour les recherches des nobles en Provence, il s'appliqua à faire usage de ce qu'on lui avoit remis & de ce que de son côté il avoit ramassé. Là-dessus il dressa les diverses tables contenues dans les trois volumes que j'ai recouvrés quoique la plupart de ces tables soient très imparfaites, infidèles et peu sûres. Enfin ayant fait imprimer l'an 1693 en trois volumes in 12 son livre intitulé Nobiliaire de Provence, il ne s'est acquis ni honneur, ni croyance, ni réputation & moi, par mon imprudence, ayant été la cause de la dissipation d'un travail qui a été le fondement de celui du Père Robert, le mauvais usage qu'il en a fait a privé la Provence du fruit d'une longue, sûre & fidelle recherche, laquelle auroit été avantageuse et prétieuse aux races qui y avoient intérêt si on avoit sçu la conserver comme ele en étoit digne.

Avant de soumettre son livre au ministre d'Armenonville, le sieur Maynier avait tenté d'en offrir la dédicace au chancelier Pontchartrain et voici la lettre qu'il lui écrivit et que je crois inédite :

Monseigneur,

L'auteur du nobiliaire de Provence ayant fait un mélange dans son livre de la fausse noblesse avec la véritable, quelques gentilshommes, dans une conférence qui fut faite sur ce sujet, me chargèrent, comme instruit de l'histoire des familles, d'épurer ce nobiliaire.

Je dédierai à Votre Grandeur mon livre de l'épurement de la noblesse de Provence, si vous me le permettés, Monseigneur, Votre naissance de la principale noblesse du royaume & l'autorité que vous y avés a le vrai caractère pour la maintenir dans sa pureté. Par votre protection, Monseigneur, j'obtiendrai la protection de Sa Majesté de le faire imprimer à Lyon, sans pourtant que mon nom paraisse. J'en demande très humblement le secret à Votre Grandeur. Cent familles de faux nobles qui comprennent plus de trois cents chefs sont rejetés du nobiliaire, que je me ferais ennemis. Je les renvoye à l'édit si favorable pour eux de la création des nobles, dont ils obtiendront des lettres de noblesse, que je rends dans mon livre glorieuses aux uns comme ce causées pour services qu'ils n'avaient pas suffisants pour les anoblir, aux autres pour donner une noblesse à leur postérité, que la robe ne lui pouvait pas transmettre, & pour anoblir les autres que le crédit de leurs grands fiefs & de leurs alliances avaient enhardi d'usurper les qualités des nobles.

La déclaration du roi Charles VIII, faite à la réquisition des

Etats Généraux, l'année mil quatre cent vingt-quatre, pour l'enregistrement des titres des nobles, m'a fait soutenir dans mon livre que, pour conserver la noblesse dans sa pureté, & chaqu'un dans ses distinctions, la création des juges d'armes serait nécessaire dans toutes les provinces du royaume pardevant qui tous les nobles seroient obligés de représenter leurs titres, leurs armoiries et faire description de leur dépendance, dignités, honneurs & distinctions, pour être enrégistrées dans son greffe, si elles étoient trouvées bonnes & valables. Cet enrégistrement donnerait une telle émulation qu'aucuns de ceux qui seroient rejetés comme faux nobles n'épargneront pas de prendre des lettres de noblesse, pour pouvoir être compris parmi ces nobles qu'ils s'étoient toujours flattés d'être, ou ils souffriront l'amande déclarée contre les usurpateurs des titres de noblesse.

Cet enrégistrement sera très utile aux gentilshommes. Le mélange donne lieu aux recherches qui leurs sont si souvent faites. La noblesse étant épurée une fois pour toujours, elle jouira paisiblement de ses distinctions. Il en reviendra des sommes considérables dans les coffres du Roy par l'établissement du Juge d'armes & de leur greffier dans toutes les sénéchaussées et baillages du Royaume et par le droit d'enrégistrement.

J'ai confié mon dessein, Monseigneur, à M. Silvi, secrétaire du Roy, chargé dans Aix du recouvrement des amandes des faux nobles & de l'enrégistrement des armoiries qui en est une suite. J'en ai fait un mémoire plus estendu. Si vous l'agréez, Monseigneur, j'exercerai une de ces charges de Juge d'armes dans Aix ou dans Marseille. Votre Grandeur me fera savoir sa volonté sur le sujet de mon livre, ou à M. Silvi sur le sujet de la création du Juge d'armes.

Il y a quelque temps, Monseigneur, qu'un génie particulier que mon fils a pour la marine m'avait fait oser en écrire à Votre Grandeur & la suplier très humblement de lui accorder un brevet de garde marine ou une lieutenance de frégate légère à Tolon. Il a continué toujours de servir volontaire & a fait la campagne du Ponant sur une frégate du Roy comandée par M. le chevalier le sieur Gineste. A son retour, il s'est rembarqué sur le vesseau du Roy comandé par M. le chevalier de Palais, il est presentement en mer.

Votre Grandeur favorisera de sa grace une si forte inclination de mon fils & la passion que j'ay d'être, toute ma vie, avec un très profond respect, Monseigneur,

De Votre Grandeur,

le très humble et obéissant serviteur.   DE MAYNIER FRANFORT

A Aix en Provence, ce 22 janvier 1697.

La prétention de Maynier de corriger le nobiliaire de l'abbé Robert & de s'ériger en juge d'armes, était assez plaisante : elle eut d'ailleurs le succès qu'elle méritait. Voici le texte de la réponse que Pontchartrain chargea le Bret de transmettre au sieur Maynier :

Monsieur,

Vous m'obligerés de vouloir bien prendre le soin d'informer au plustost ce particulier que rien n'est moins de mon goust que ces sortes de dédicasses, et qu'il cherche un autre patron pour son ouvrage, par ce qu'en un mot, je ne veux point du tout qu'il songe à me dédier son livre & je vous prie de luy faire savoir cela de manière qu'il n'en puisse prétendre cause d'ignorance.

Je suis, Monsieur, votre très humble et très affectionné serviteur

PONTCHARTRAIN

A Versailles, ce 28 janvier 1697.
M. le Bret,

Sur le dos :
J'ay fait reponse le 10 fevrier 1697. — Que je fasse entendre au s\^r. Meynier Francfort que la dedicasse qu'il luy veut faire d'un livre n'est pas de son goust.

LETTRE

de Charles-René d'Hozier, à M. d'Armenonville, garde des sceaux, au sujet de l'*Histoire de la Principale Noblesse de Provence*, par B. de Meynier.

Monseigneur,

Les raisons de refuser d'imprimer & de publier les deux volumes dont vous m'avez fait l'honneur de me commettre l'examen : le premier qui a pour titre : *Histoire de la Principale Noblesse de Provence*, imprimé in-4° à Aix, avec permission, l'an 1719, composée par le nommé B. de Meynier, se disant des anciens seigneurs de St. Marcel Francfort, dédiée à M. le Maréchal de Villars, avec un épitre d'un langage qui ne fait honneur ni à ses actions, ni à sa famille : le duxième, un manuscrit intitulé Histoire du Parlement de Provence, qui n'est cependant qu'un catalogue de tous les officiers de ce Parlement, depuis son institution, cette compilation dédiée à M. Lebret, premier président & intendant de cette Province.

Ces raisons, dis-je, Monseigneur, sont que dans le cours de 64 ans & plus qu'il y a que je lis & que je puis juger des livres de fausses généalogies qu'on multiplie impunément tous les jours, je n'y ai encore point vû de l'espèce des deux dont il vous plaît que je vous rende compte ; tout est faux en général, dans toutes les têtes de chaque famille qui sont contenues dans ces pretendues histoires.

La plûpart de ces familles sont très obscures & beaucoup me sont inconnues, quoique je sois le fils d'un homme né à Marseille l'an 1592 & qui a travaillé pour tout ce qu'il y a de plus distingué dans le pays, comme il le faisoit pour tout ce qu'il y avoit de plus considérable dans le royaume.

Rien n'est plus absurde que les origines & les qualifications « d'Illustres » que l'auteur donne indistinctement à ces familles, mais le ridicule en est outré par l'article DE, qu'il aioute à des noms de baptême, mais qui devenus surnoms patronimiques, comme s'ils étoient devenus aussi surnoms de fiefs, sont appelés d'André, d'Antoine, de Barthelemy, de Bertet, de Boisson, de Case, de Colin, de Durand, d'Etienne, de Félix, de Gautier, d'Hugues, de Marc, de Michel, de Nicolas, d'Olivier, de Pape, de Paul, de Renaud, de Robert, de Sabatier, de Thibault, de Thomas, &c. au lieu que les ancêtres de ceux de ces noms les portoient simplement, sans aucun article, et de ces noms il n'en sçait pas même la juste ortographe.

Il n'y a ni sens, ni liaison, ni construction dans le stile surprenant de cet auteur, les éloges qu'il croit faire sont un verbiage & un galimathias qui ne dit rien, & bien loin que les expressions barbares & inintelligibles de ses discours fassent honneur au peu de bonnes races qu'il mesle sans discernement dans son ouvrage, les intolerables supositions les confondent tellement, que ce seroit les dégrader que d'exposer au public un assemblage de tant d'ignorance & d'incapacité, mais dans lequel cependant l'auteur a essayé de se donner une extraction bien différente de celle qu'il tient de ses pères.

Outre ces observations, il y a encore dans le volume imprimé plusieurs traits de politique hasardés & semés sans jugement, avec des reflexions, des aplications & des conseils lesquels m'ont paru interesser le gouvernement, & à tout cela l'auteur a joint un discours hors de propos sur les anciennes monoyes.

Enfin ce fatras se termine par un détail déplacé de tout ce que le Parlement de Provence a fait au sujet de sa constitution, ce qui ne sauroit convenir a une matière dans laquelle seule l'auteur devoit se renfermer, s'il avoit été assés éclairé & assés habile pour remanier un sujet déjà traité & imprimé, il y a plusieurs années avec quelque ordre & quelque suite, mais qui dans l'imprimé et le manuscrit de ce compilateur est si défiguré, qu'on ne sçaurait imaginer aucune rapsodie faite plus en dépit du sens commun des plus petits genies.

Voilà, Monseigneur, ce qu'en execution de vos ordres, un vieillard de 84 ans a cru qu'il devoit vous détailler, en vous assurant du profond respect, avec lequel il a l'honneur d'être, depuis plus de 35 ans,

    Monseigneur

                    Votre &c.

Paris le   d'aoust 1723.   d'Hozier.

ETAT

DE CEUX QUI ONT VOLONTAIREMENT PAYÉ EN PROVENCE L'AMENDE DE 50 LIV. POUR AVOIR USURPÉ LES TITRE ET QUALITÉ DE NOBLE, SUIVANT L'ARREST DU CONSEIL DU 29 MARS 1667 (1).

Abeille Honoré	la Ciotat	194
Abrassevin André	Hyères	86
Achard François	Riez	166
d'Agard Jean	Ansouis	47
d'Agard Michel	»	60
d'Agard Michel	Cucuron	85
Agneau François	Marseille	43
l'Agneau Pierre	Castellane	83
Agnel Honoré	Lambesc	135
Agnès Jean	Pertuis	27
Aillaud Antoine	Lourmarin	115
Aillaud Jacques	Castellane	81
Aillaud Jacques	Lourmarin	97
Aillaud Jean	»	115
Aillaud Pierre	Castellane	41
Aillaud Théophile	Pertuis	112
Alayer Esprit	Digne	120
Alayer Esprit, fils	»	120
Albanelly Jean, fils de Jean	Grasse	5

1. Le registre des déclarations de roture en 1668, contenant les noms de ceux qui payèrent volontairement l'amende modérée de 50 liv., ou furent condamnés comme faux nobles, a disparu des archives de la Cour des Comptes. Ce registre devait exister encore vers 1780, car l'on en rencontre divers extraits dans le Nob. d'Arles de Bonnemant. La partie relative à ceux qui, dès le début, en 1667, reconnurent de plein gré leur usurpation, et ne payèrent que 50 livres d'amende, existe en plusieurs copies ; j'en possède une, que j'ai tout lieu de croire exacte, d'après de nombreuses vérifications, et les reçus non retirés à l'époque par les intéressés, qui se trouvent encore aux archives des B.-du-Rh., B 1360. Pour la commodité du lecteur, cette liste a été ordonnée suivant l'ordre alphabétique. Les numéros renvoient à la pagination du registre.

Albanelly Jean	Tourves	5
d'Albert Joseph	Aubagne	157
d'Albert Léandre	»	62
d'Albert Louis	»	71
d'Albete Antoine	Pertuis	57
d'Albete Jean	»	195
d'Albete Louis, frère d'Antoine	»	57
d'Albete Louis, frère d'Auguste	»	92
d'Albete Melchior	»	195
d'Albis Auguste	»	92
Alferan François	Aix	111
Alferan Michel	Sainte-Tulle	111
Allard Jean-Baptiste	Apt	121
Allard Louis	»	121
Allard Pierre	»	122
Allemand Jacques	Marseille	104
Allemand Jean-Baptiste	Digne	144
Allemand Gaspard	Digne	17
Allemand Joseph	Laudun	122
Allemandy Pierre	Saint-Estienne	68
d'Almeran François	Saint-Remy	105
Amalric André	les Mées	133
Amalric Charles	Ollioules	14
Amalric Jean	le Luc	30
Amat Jean-André	Cadenet	130
Amic Esprit	Brignole	73
Amphossy Guillaume	Marseille	191
Amphossy Louis	»	30
Anglesy François	Aix	68
André Honoré	Lorgues	37
André Jean	Saint-Rémy	7
André Pierre-Louis	»	7
André Pierre	Aix	80
Anniel Balthazar	Digne	174
Anse Pierre	Tarascon	190
Antelmy Estienne	Fréjus	63
Antiboul Honoré	Saint-Tropez	66
Antiboul Marc	»	138
Arbaud Estienne	La Verdière	149
Arbaud de Bresc Honoré	Villecroze	131
Arbeil Pierre	Riez	31
d'Arbès Charles	Aix	197

Arenes Jean	Hyères	84
Argenteris Honoré-Hugues	Castellane	81
d'Arlac Louis	Boulbon	26
d'Arlet Jean	Marseille	148
Armand Balthazar	»	19
Armand Charles	Mison	80
d'Armand Guillaume	»	82
d'Armitte Louis	Digne	133
Arnaud Balthazar	Seyne	10
Arnaud Claude	»	160
Arnaud Georges	Mison	80
Arnaud Jean	Marseille	1
Arnaud Jean	Seyne	160
Arnaud Jacques	Marseille	172
Arnaud Jean-Louis	Seyne	10
Arnaud Jean	Pertuis	104
Arnaud Pierre	Dauphin	95
Arnaud Paul	Dauphin	130
d'Arnaud Thomas	Riez	200
Arnoux Jean	Draguignan	160
Arquier Denys	Lambesc	24
d'Arquier Estienne	»	105
Arquier Gaspard, fils de Pierre	»	59
Arquier Gaspard	»	79
Arvieu Jean-Baptiste	Marseille	191
Astier Jean	Forcalquier	221
d'Astour Thomas	Toulon	39
d'Astour Balthazar	»	39
d'Astour Charles	Toulon	38
Attanoux Estienne	Roquebrune	75
Aubert Gaspard	Forcalquier	67
Aubert Louis-Sausier	Digne	201
d'Audet Antoine	»	112
Audet Jean	»	69
d'Audet Jean	Mison	199
d'Audet Pierre	Digne	122
d'Audibert François	Apt	127
d'Audibert François-Félix	Aix	142
Audibert François	La Ciotat	143
Audibert (Honoré)-Callie (*sic*)	Bargemon	152
Audibert Pierre	Mison	182
Audifret Antoine	Manosque	173

Audifret Estienne	Marseille	200
Audifret Pierre	Draguignan	118
Audifret Pierre	Manosque	173
Audifredy Jean-Joseph	Aix	190
Audric Michel	Toulon	34
Augeri Antoine	Aix	102
Augeri Claude	Manosque	102
d'Augeri Emmanuel	Fréjus	106
Augeri Guillaume	»	162
Augeri Jean	Grambois	101
Augeri Jean-François	Digne	163
Augeri Joseph	Fréjus	168
Augeri Louis	Grambois	102
Augulain François	Les Mées	22
Aumerat Pierre	Lurs	53
Aumurat Charles	Cuers	53
d'Autefort Honoré	Apt	170
Aymar Estienne	Lambesc	116
Aymar Jean, fils de Jean-Antoine	Pertuis	204
Aymar Louis-Abel	Lambesc	192
Aymin Arnaud	Arles	72
Aymin Balthazar	la Tour d'Aygues	119
de Balban César	Marseille	95
Bandoly Jean-Claude	Forcalquier	129
Bandoly Scipion	»	161
Barbarroux André	Senez	165
Barbarroux Audibert	»	187
Barbarroux François	Saint-Maximin	106
Barbarroux François	Grasse	208
Barbarroux Jean	Senez	165
Barbarroux Louis	les Mées	17
Barbarroux Louis	Senez	165
Barbatut Jean	Arles	3
Barbeirac François	St-Martin de Castillon	51
Barbeirac Georges	Viens	56
de Barbeirac Hercule	Ceyreste	192
Barbeirac Joseph	St-Martin de Castillon	54
Barbier Honoré	Pertuis	59
Barlatier Gaspard	Rognes	171
Barlatier Joseph	»	171
Barnouin Jacques	Marseille	106
de Barralier Paul	Eyguières	201

Barrel Jean-Pierre	Saint-Remy.	99
de Bartelemy Valentin	Arles	208
Bastide Sébastien	Marseille	5
Bastin Jean	»	103
Baudric Balthazar	Manosque	8
Baudric François	»	34
Bausset François	Aubagne	159
Bazin Jean	Marseille	33
Beau François	»	165
Beau Jean	»	25
Beau Pierre	»	77
Beaudon Honoré	Toulon	39
de Beaufort Gaspart	Aix	173
Beaufort Honoré	Aix	135
Beaulan Joseph	Marseille	60
Beaupoli Antoine Cassot	Arles	212
Beaussier Antoine	Toulon	45
Beaussier Charles	Toulon	48
Beaussier Esprit	»	49
Beaussier Jean	»	124
Beaussier Louis, fils d'Antoine	»	49
de Beber Thomas	Marseille	182
Belanger Léonard	Castellane	82
Belanger Charles	»	13
Belin Antoine	Marseille	84
Belin Valentin	»	161
Belliard André	Apt	77
Belon Antoine	Brignole	40
Belon François	»	11
Belon Pierre	»	124
Bellot Claude	Marseille	22
Benoit Estienne	»	189
Benoit Pierre	Aix	30
Bérard Gaspard	Jouques	67
Bérard Jean	Cucuron	136
de Bérard Jean	Cucuron	135
Bérard Pierre	Draguignan	93
Berenguier Claude	»	24
Berenguier Louis	Brignolle	196
Bereton Ambroise	Aix	74
Bereton Louis	»	74
Bergier François	Marseille	142

Bergier Jean	Marseille	142
de Bergue Jean-Pierre	Brignolle	199
de la Bergue Louis	Grambois	172
de Berluc Honoré	Forcalquier	144
Berluc Jean	Aups	89
Bermond Claude	Limans	34
Bermond François	»	33
Bermond Guillaume	»	34
Bermond Jean-Antoine	Sisteron	108
Bernard Jacques	Feissal	130
Bernard Jean-Etienne	»	131
de Bernard Louis	»	130
Bernardy Pierre	Sault	64
Berne Louis	Aix	135
Bernier Jean	Marseille	207
Bertrand Charles	»	26
Bertrandy Charles	Riez	129
Bessière Annibal	Ansouis	69
Bessière Gaspard-Honoré	»	60
Bessière Pierre-Chaix	»	109
Besson Barthélemy	Marseille	128
Besson Lange	»	181
Bessy Pierre, fils de Jean	Gréoux	174
Bestagne Honoré	Saint-Tropez	146
Bétandier Antoine	Marseille	3
Bétandier Jean-François	»	3
Bétandier Michel-Ange	»	3
Bevolan Jean-Baptiste	»	31
Blancard Boniface	Figanière	208
Blanc Estienne	Aix	58
Blanc Jean	»	62
Blanc François	Marseille	161
Blanc Jean-Baptiste	»	45
Blanc Jean-Baptiste	»	161
Blanc Louis	Roquebrune	205
le Blanc Paul-Antoine	Mallemort	87
Blocard Pierre	Hyères	84
Bœuf Louis	Montferrat	206
de Bon Antoine	Castellane	23
Bon David	Mison	50
Bon Jean	»	50
Bon Paul	»	50

Bon Laurent	Marseille	165
de Bonadona Louis	Pertuis	116
Bonnafoux Claude	Aix	173
Bonnard Honoré	Riez	96
Bonnard Jean-Baptiste	Manosque	14
Bonardy Gaspard	Riez	31
Bonardy Gaspard	Riez	99
Bonneau André	Pertuis	55
Bonneau Dominique	»	149
Bonneau Marc	»	121
Bonneaud André, fils de Jean	»	91
Bonneaud Pierre	»	121
Bonneaud Annibal	Marseille	9
Bonnecorse Balthazar	»	200
Bonnegrace Charles	Toulon	13
Bonnegrace François	»	20
Bonnegrace Jean	»	125
Bonnery Antoine	Entrevaux	151
Bonnesson Estienne	Marseille	4
Bonnesson Jacques	»	4
Bonnessony Jean	Brignolle	147
Bonnessony Melchior	»	38
Bonnet Jean-Baptiste	Aix	130
Bonnet Jean-Baptiste	Aix	114
Bonnet Pierre	Marseille	26
Bonnet Simon	Cassis	88
Bonnel André	Tarascon	188
Bonnieu Jean-François	Aix	188
Boqui Jean, fils d'Honoré	Bargemon	7
Bosan Pierre	Marseille	59
Bosco Jacques	Aix	179
de Bosque Gaspard	Marseille	101
Bosse Bertrand	»	63
de Bosse Hercule	La Bréoule	83
Bouche Balthazar	Puymoisson	72
Bouche Melchior	Allemagne	156
Bouche Balthazar	Aix	156
Bouchet François	Marseille	120
Bouchet Henri	»	152
Boudoul Pierre	Thoard	188
Bouvery Jean	Toulon	128
Bouvery Joseph	Marseille	151

Bovis François	Moustiers	10
Bovis Jean	Lourmarin	136
Bouissony Jean	Le Luc	38
Bouliard Marseille	Cucuron	79
de Bouliers Claude	Vaugine	194
de Bouliers Melchior	Cucuron	196
Bouquier Charles	Martigues	159
Bouquier Pierre	Martigues	159
Borel Louis	Istres	26
du Bourg-Canety Blaise	Draguignan	124
Bourrely François	Marseille	113
Bourrely Henri	Castellane	159
Bourrely Jean, fils d'Antoine	Marseille	9
Bourrely Joseph	»	114
Bourrely Louis	»	65
Bourrely Michel	»	152
Bousquet Charles	Toulon	16
Bousquet Charles	Toulon	47
Bouteille Joseph	Manosque	63
Boyer François	Apt	147
Boyer Joseph	Digne	184
Braqueti-Saqui Pierre	le Val	209
Bremond Bertrand	Marseille	147
Bremond Daniel	Ongles	127
Bremond François	Apt	171
Broc Pierre	Draguignan	101
Brocher Benoit	Forcalquier	88
Broglia Jean-Baptiste	Aix	191
Broquier Claude	Cuers	97
Broquier François	»	201
Bruguet Bonaventure	Forcalquier	35
Brun Balthazar	Toulon	90
Brun Jacques	Draguignan	110
Brun Jean	»	117
Brunel Antoine	Fréjus	114
Brunel Honoré	»	40
Brunet Honoré	Pertuis	113
Brunet Joseph	Roquebrune	84
Brunet Joseph	Manosque	202
Brunet Paul	Manosque	201
Brunet Scipion	»	176
Bruis Gaspard	Aix	29

Bruny Antoine	Brignolle	36
Buisson Lazare	Aix	59
Burgues Antoine	Toulon	15
Bussal Jean-Louis	Sault	195
Butty Marius	Aix	146
Cabannes Charles	Aix	15
Cabassol Antoine	»	76
Cabassol Jean-Baptiste	»	155
Cabasson Lange	Toulon	178
Cabre Claude	Marseille	65
Cabre Guillaume	»	68
Cabre Joseph, fils d'Antoine	»	133
Cabrol Honoré	Rians	179
Cabrol Jacques	»	66
Caire François	Oraison	130
Calas Charles	Fréjus	6
Calier Jacques	Bargemon	150
Callaman Estienne	Lauris	116
Callaman Laurent	Marseille	46
Callens Louis	Toulon	77
Camelin Charles	Fréjus	2
Camelin Honoré	»	48
Campou Jean-Baptiste	Marseille	52
Campou Estienne	»	52
Candolle Georges	Pertuis	7
Capelle Pierre	Toulon	151
Capon Alexandre	Guillaumes	191
Capus Jean-Baptiste	Marseille	188
Carbonel François	Aix	179
Carbonel Gaspard	Moustiers	208
Cardebat Jean	Beaumont	183
Carpileti Christophe	Grasse	14
Caseneuve Jean-Louis	Aix	141
de Castellan André	Eyragues	184
de Castol Claude	Aix	197
Castor Benoit	Marseille	14
Catelin Jean	Toulon	31
Catelin Pierre	»	176
Catrebrar Alexandre	Arles	70
Cavalier Georges	St-Martin de Castillon	54
Cavalier Jacques	»	54
Caubin Louis	Saint-Tropez	193

Caudeiron Pierre	Toulon	136
Cauvet Antoine	Hyères	94
Cauvet Louis	»	85
Cauvet Guillaume	Toulon	2
de Caux François	Marseille	2
Cellier Barthelemy	»	59
Cestier Esprit	Manosque	97
Cestier Jourdan	»	95
Cestier Jean	»	163
Chabert Antoine	Marseille	210
Chabert Gaspard	Toulon	17
Chabran Pierre	Saint-Remy	71
Chacornac Pierre	Marseille	111
Chaix Antoine	les Mées	16
Chaix Antoine, père	Riez	73
Chaix Antoine, fils	»	73
Chalamont Jean	Tarascon	119
Challot Honoré	Arles	210
Challot Imbert	»	162
Challot Trophime	»	162
Chanteminois Marc-Antoine	Peyrolles	28
Chanut Charles	Riez	186
de Chanut Charles	Revest	139
de Chanut Dominique	»	132
Chanut Louis	»	139
Chanut Louis	Forcalquier	63
Chanut Pierre	Sisteron	22
Chapus André	Lambesc	170
Chapus François	»	170
Charonier Pierre	Sisteron	22
Chaudon Paul	Romoules	153
Chaudy Gaspard	Martigues	188
Chaumeil Désidéré	Marseille	58
Chaselles François	Aix	203
Chastras Jean	Marseille	30
Chaurian Gabriel	St-Martin-de-Castillon	69
Chaussegros Balthazar	Digne	134
Chaussegros Charles	»	87
Chaussegros Marc-Antoine	»	134
Chautard Antoine	Brignolles	127
Chieusse Honoré	Lorgues	67
Chrétien Melchior	Sixfours	1

Cipières Claude	Aix	155
Cipières Joseph	Marseille	194
Cipriany Jean	»	207
Clapiers Balthazar	Aups	19
Clapiers Estienne	»	87
Clapiers Pierre	»	29
Clapiers Jean-Louis	Pertuis	47
Clapiers Jacques	Aix	157
Clapiers Pierre	SaintMaximin	43
Clarenty André	Valensole	64
Clarenty Esprit	»	131
Clément Jacques	Sault	195
Clément Louis	»	9
Colomb Antoine	Marseille	196
Collin Esprit	Jouques	65
Colonia Jean	Brignolles	144
de Colonia Palamèdes	Aix	
Colombe Mathieu	Castellane	23
Combe André	Pertuis	7
de Commendaire Honoré	Lorgues	181
Commier André	Tarascon	194
Constam Auguste	Besse	198
Constant Vanelly Jean	Sallonet	156
Constantin Jean-Baptiste	Puymoisson	10
Constantin Joseph	Lambesc	76
de Coquelet Charles	Orgon	159
de Corbière Guillaume	Marseille	191
Cordeil Antoine	»	32
Cordeil Pierre	Toulon	17
Cordeil Pierre, fils de Louis	»	38
Cordier Germain	Marseille	160
Cordier Jean-Louis	»	160
de Cordier Louis	Meynier	152
de Cordier Pierre	Sisteron	56
de Corio Gaspard	Forcalquier	79
de Corio François	Manosque	19
de Corio Mathieu	»	19
de Corio Jean-François	Toulon	108
de Cormetis Henri	Grasse	187
de Cornaile Antoine	Forcalquier	134
Cornier Honoré	Marseille	173
Cotolendy André	Apt	61

Couadres Jean-Jacques	Marseille	25
Coulet Gaspard	»	200
Courtès Henri	Claviers	53
Courtès Jean-Jacques	Saint-Maximin	15
Courtois Elzias	Apt	160
Courtois François	St-Martin-de-Castillon	56
Courtois Louis	Sault	173
Coutel Jean	Arles	85
de Couteron Antoine	Cabanes	23
Cousinery David	Marseille	8
Coste Pierre, fils de Jean	Saint-Tropez	137
Crestien Antoine	Grasse	91
Crotte Jean	Fréjus	8
Crotte Marc-Antoine	»	106
Crouset Nicolas	Marseille	211
de Crouset Pierre	»	9
Crouzil François	»	140
Croze Jean	Brignolle	66
Croze Joseph	les Mées	133
Crozet Esprit	Marseille	175
de Cuers Charles	Toulon	177
de Cuers Louis	Tourves	200
de Cuers Thomas, fils de Jean	Toulon	49
de Cugis Marcel	Ollioules	134
Curet Nicolas	Marseille	123
Curiol Jean	»	15
Dangouleme Jean-Nicolas	Sisteron	96
Daniel Michel	Toulon	9
Dastouin Joseph	Entrages	5
Daubergue Jean	Ginasservis	25
Dazegat Jean	Arles	3
Deautier Jean	la Rochette	172
Dedon Jean	Lambesc	129
Deidier Barthélemy	Marseille	175
Deidier Jean	»	32
Delayer Jean [cf. Alayer]	Digne	20
Demende François	Marseille	72
Denis Louis	Aix	49
Descaire Pierre	Marseille	137
Desmenard Pierre	»	129
Desferes François	Valsainte	164
Desferes Jean	»	164

Desferes Joseph	Valsainte	166
Desferes Pierre	Apt	164
Desparra Joseph	Brignolle	80
Desperier François	»	203
Destavenot Guillaume	Apt	123
Deyroux Jean	Forcalquier	77
Dille Jean	Aix	89
Dille Pierre	Saint-Julien	44
Dinati André	Cucuron	132
Divatty Villon-Denis	Aix	132
Dolive Jean	Marseille	102
Dolle Jean	Fréjus	5
Domo Jean-Antoine	Saint-Savournin	41
Dot Pierre	Marseille	78
Dousin Symphorien	Sisteron	55
Dozeau Maury	Fréjus	115
Dubois François	Apt	180
Dubois Pierre	Marseille	105
Dumoulin Jacques	Arles	71
Dupont Gaspard	Aix	98
Dupont Jean-Pierre	Marseille	26
Dupont Raymond	Aix	99
Dupont Benoit	Marseille	131
Durand Serraire-Antoine	Riez	193
de Durand Elzéar	Draguignan	68
Durand Joseph	»	8
Durand Jacques	Marseille	60
Durand Pierre	»	21
d'Eclezia Pierre	Fréjus	75
d'Eissautier Pierre	Brignolle	67
Emeri Balde	Lançon	169
Emeric François	»	169
Emeric Jean	Marseille	104
d'Escalis André	»	148
Escoffier Pierre	Volonne	111
Esmenard Estienne	Lambesc	139
Esmiol Esprit	Digne	100
Esmiol Jean	Champtercier	154
d'Espinassy Antoine	Signe	109
Estienne Antoine	Aix	27
d'Estienne Antoine	»	135
Estienne Denys	»	203

Estienne François	Aix	187
d'Estienne Jean-Baptiste	»	139
d'Estienne Félix	»	132
Estienne Estienne	Eyguières	16
Extais Jean	Brusquet	39
Eyguesier François	Aix	83
Eyguesier Guillaume	»	104
Eyguesier Honoré	»	180
Eyguesier Pierre	»	59
d'Eyguesier Jean	Marseille	63
d'Eyguesier Jean-Pierre	»	100
Eyguesier Jacques	»	103
Fabre Bonniface	Rognes	178
Fabre François	Champtercier	127
Fabre (heoirs d'Antoine)	Digne	21
Fabre Pierre	»	23
Fabry Joseph	Aix	147
Fargues Jean	Marseille	204
Farnoux Jean-François	la Valette	42
de Faucher Charles	Arles	202
Fauchier Honoré	Riez	55
Fauchier Mathieu	Arles	202
Fave Durons Jacques	Barjols	176
Faverie Jean	Marseille	206
Faure Nicolas	»	123
Faure Nicolas, fils de Jean	»	175
Feautrier Balthazar	Lurs	193
Feautrier Paul	»	36
Feautrier Pierre	»	36
Fedon Antoine	les Arcs	198
Fedon Joseph	Draguignan	158
Ferran André	Pignans	19
Feraud Jean	Thoard	42
Ferris Barthélemy	Marseille	132
Fermier André	Digne	183
Fermin de Grancourt Gaspard	Cannes	208
Fernoux Gabriel	la Valette	42
Ferrat Jean-Pierre	Aix	207
Ferrenc François	Marseille	30
Ferrier Estienne	Istres	12
Ferrier Jean	Lambesc	54
Fesse François	Valensolle	22

Fesse Jean-François	Valensolle	22
Fet de Cauvin François	Tarascon	120
le Fevre Jean	Aix	58
le Fèvre Louis	Orgon	55
Fiès Jean	Solliers	154
Figuière Paul	Manosque	142
Figuière Scipion	Cucuron	136
Flamenq Estienne	Toulon	149
Flamenq Jean	Toulon	51
Florimond Alexandre	St-Savournin	210
Fore Claude	Grasse	64
Fort Jean, fils de Pierre	Marseille	64
Fort Marc-Antoine	Riez	148
Fouage Pierre	Marseille	104
Fouque Gabriel	Cadenet	78
Fouque-Delphin Guillaume	Quinson	198
Fouque Jérôme	Roussillon	87
Fouque Jean-Dauphin	Quinson	194
Fouque Jean	Lambesc	165
Fouquete Hubert	St-Maximin	143
Fournier Joseph	Toulon	47
Fournier Joseph	Toulon	177
Fournier René	Cuers	112
Frager Antoine	Grasse	162
Franchiscou Baptiste	Marseille	146
Franchiscou Jacques	»	36
Fregela Gabriel	»	47
Frejus Roland	»	175
Frejus Michel	»	97
Frère Honoré-Paul	Cotignac	20
Fresquière Pierre	St-Maximin	112
Frontel Gaspard	Valensolle	37
Gabriel Jean	Sault	187
Gache Balthazar	Marseille	24
Gamel Estienne	la Cadière	110
Gamel François	la Cadière	200
Ganay André	Marseille	88
Ganay Jean-Baptiste	»	88
Gantelmy Balthazar	»	54
Gantelmy Balthazar	»	98
Garçonnet Boniface	Aix	196
Garent Jean	Castellane	20

Gardannes Jacques	Hyères	89
Gardanne Jean	Marseille	189
Gardanne Louis	»	189
Gardanne Pierre	Hyères	85
Gardanne Scipion	»	112
de Garnier Balthazar	Marseille	149
Garnier Estienne	»	137
Garnier Honoré	Cotignac	75
Garnier Louis	»	121
Garnier Pierre	Toulon	124
Gassaud Elie	Forcalquier	185
Gassen André	Digne	18
Gastinel Antoine	»	69
Gastinel Blaise	Sisteron	199
Gastinel François	»	94
Gaudemard André	Manosque	61
Gaudemar Marc-Antoine	Riez	34
Gaudemar Pierre	Digne	107
de Gaudin Alexandre	»	143
Gaudy Honoré	Pertuis	137
Gaudy Jean	»	113
Gaudy Joseph	»	127
Gaufredy Antoine	Entrevaux	154
Gauffredy François	la Ciotat	16
Gautier Jean	Six-Fours	159
Gavot Charles	Toulon	108
Gavoty Jean-Baptiste	Brignole	29
de Gayagne Gaspard	Lambesc	46
Gaye Jean-Baptiste	Aix	113
Gazel Mathieu	»	24
Gazely François	Toulon	136
Geniès Antoine	Marseille	1
Gensollin Jean-François	Solliers	20
Geoffroy Antoine	Lurs	37
Geoffroy Gillet	les Sièyes	2
Geoffroy Mathieu	»	2
de Gérard Henri	Marseille	201
Gilles de Mousse Charles	Lambesc	118
Gilly de Fontvive Esprit	Aix	200
Gilly Jean	Marseille	11
Girard François	Forcalquier	98
de Girard François	Cabanes	155

Girard Jean-Pierre	Goult	148
Giraud Antoine	Castellane	81
Giraud Christophe	Antibes	16
Giraud Honoré	Lançon	105
Giraud Honoré	Quinson	108
Giraud Jean-Arnaud	»	178
Giraud Jean	Peyrolles	40
Giraud Louis	Antibes	16
Giraud Sauveur	Aix	176
Giraudy Pierre, lieut' de galères	Toulon	205
Gleyse François	Arles	203
Gleyze Honoré	»	71
Goirard Jean	Draguignan	93
Goudon Jean-Antoine	Saignon	93
Gougon Alexandre	Manosque	21
Gougon André	»	126
Gougon Jean-Baptiste	»	125
de Goult Antoine-Jacob	Goult	114
Gousoulin Pierre	Marseille	209
Grambois Jean-Baptiste	Apt	149
Grange Antoine	Marseille	76
Granier Jean	Cotignac	64
Gras Charles	la Valette	128
de Gras Louis	»	185
Grassy François	Fréjus	115
Grassy Jean	»	114
Gréoux Jean-Jacques	Marseille	99
de Gréoux Marc	»	99
Grezil François	Hyères	84
Grimaud Jean	la Ciotat	180
Gros Gaspard	la Valette	128
Grisolle Henri	Aix	157
Guelache Antoine	Guillaume	147
Guérin Antoine	Allemagne	191
Guérin Guillaume	la Ciotat	128
Guérin Jean	Brignoles	65
Guérin Jean-Baptiste	»	66
Guérin Joseph	Forcalquier	80
Gueyroard Barthélemy	Toulon	177
Gueyroard Jacques	»	117
Guibert Jean-Baptiste	Berre	199
Guichard Barthélemy	Apt	211

Guichard Jean-André	Apt	58
Guibouin Joseph	Châteaudouble	195
Guien Esprit	Marseille	71
Guinet Paul-François	Tarascon	71
Guion Balthazar	Pertuis	172
Guiot Jean	Brignoles	100
Guibert Louis	Toulon	153
Gueydon Joseph	Marseille	45
Granier Pierre	Miramas	150
Hauvet Henri	Riez	21
Henri Antoine	Castellane	35
Honorat Melchior	Brusquet	78
Hubac Jean, fils de Charles	Toulon	133
Hubaud Esprit	Riez	99
Huet Barthélemy	Apt	142
Huet Denys	»	141
Huet Jean	»	142
Hugolen Honoré	Aix	138
Hugues Boniface	Draguignan	144
Hupay Jean (cf. Upaix)	la Tour d'Aigues	25
Hourgon Antoine	Toulon	90
Icar Pierre	Marseille	92
Icard Charles	Aix	158
Icard Pierre	»	158
Icard Marc-Antoine	Barjols	72
Imbert Antoine	Seyne	2
Imbert Christophe	Aubagne	142
d'Imbert François	»	140
Imbert Honoré, père	Aups	
Imbert Honoré fils	»	204
d'Isnard Claude	Apt	142
Isnard Jean, fils d'Antoine	Toulon	39
Isnard Jacques	Aix	141
Isnard Louis	Grasse	51
Isnard Antoine	»	51
Isnard Melchior	»	51
Isnardi Louis	le Puget Figette	187
Isoard Alexandre	Seyne	98
Isoard François	Marseille	58
Isoard Honoré	la Bréoule	141
Isoard Jean-Baptiste	Champtercier	42
Jacquet César	Pertuis	6

de Jannet Pompée	S¹-Savournin	41
Jasquet Pierre	Draguignan	58
Javen Jean-Louis	Digne	14
Jean Estienne	Marseille	201
Jordany Hercule	Mons	74
Jourdan André	Cucuron	85
Jourdan Pierre-Paul	Mons	
Juramy Esprit	Seyne	120
Juramy Guillaume	»	134
Juramy Paul	»	106
de Just Honoré	Toulon	167
Just Jean-Baptiste	Marseille	68
Just Melchior	»	175
de la Croix Pierre	Riez	111
Lagarde Gabriel	»	175
Laget Bernardin	S¹-Maximin	118
Laget Barthélemy	Aix	156
Laget-Bardelin Honoré	Aix	172
Laget Marc-Antoine	Loriol	29
Lambert César	Marseille	169
Lambert Honoré	Aix	29
Lambert Jean-Louis	»	166
Lambert Marc	Draguignan	211
Lambert Pierre	Marseille	95
Lanfant Aymes	Aix	107
Lanfant Jean-Louis	»	168
Lange Claude	la Tour d'Aigues	118
de Lascour Louis	Marseille	56
Latil Antoine	Castellane	82
Latil Honoré	»	81
Latil Honoré	Marseille	34
Latil Honoré, père	»	38
Latil Jean, fils d'Honoré	»	38
Latil Pierre	»	34
Latil Pierre	Castellane	82
de Latil Paul	»	88
de la Tour Maximin	Grasse	211
de Laudun Balthazar	S¹-Remy	7
Laugier Esprit	Marseille	32
Laugier Jean	Manosque	6
Laugier Jean	les Mées	69
Laugier Louis	Saignon	74

Laurens Honoré	Castellane	98
Laurens Jean	»	50
Laurens Jacques, fils d'Antoine	Lorgues	126
Lautier Honoré	St-Martin de Castillon	107
de Laye Pierre	Marseille	140
de Laye Pascal	»	141
de Layer François [cf. Alayer]	Digne	162
Lautier Georges	St-Martin de Castillon	174
Léger Martial	Apt	30
Leidet Jean-François	Sisteron	81
Lemaire François	Marseille	3
de Léon Antoine	»	158
de Léon Cornil	»	158
de Léon François	»	181
de Leuze Gabriel	Lauris	6
Letellier de la Garde Pierre	Marseille	128
Leutre Antoine	Châteaurenard	181
Leutre Estienne	Châteaurenard	181
de Lialbis Antoine	Marseille	53
de Lialbis Pierre	Marseille	53
Lialbis Nicolas	»	210
de Lille Jean	»	207
de Liautaud Augustin	Digne	101
Liautaud Antoine	Castellane	127
Liautaud Antoine	Arles	202
Liautaud, dit la Béruque, Antoine	»	202
de Liautaud François-Paris	St-Remy	97
Liautaud Jacques	Peyrolles	101
Liautaud Pierre, père	»	101
Liautaud Jacques	Marseille	152
Liautaud Sauveur	»	153
Liautaud Jacques	Castellane	155
Lombard Victor	Sixfours	144
de Lorme Antoine	Marseille	35
de Lorme Jean	»	113
de Lorme Antoine	»	113
de Lorme Nicolas	»	47
Loth Noël	Manosque	62
Loth Jean	Gréoux	62
Louis Jacques	Arles	1
Loustier Balthazar	St-Martin de Castillon	9
Luce Claude	Grasse	109

Luce Jacques	Grasse	109
Luce François	»	109
de Ludière Charles	Manosque	193
de Lueil François	Toulon	48
de Lueil Jean	»	48
de Lueil Louis	»	48
Lugues Claude	Pignans	201
Madon Pompée	Roussillon	41
Magnan Jean	Forcalquier	63
Magnan Pierre	»	70
Maille Jacques	Fréjus	48
Maisse Pierre	Pierrevert	209
Manosque Antoine	Aix	147
Manosque Jacques	»	147
Marcel François	»	135
Marcuzin André	Cazeneuve	67
Marel Jean-Balthazar	Pertuis	169
Marin Aman	Hyères	84
Marin Blaise	la Ciotat	18
Marin François	»	13
Marin Jean	les Mées	17
Marin Jacques	Marin	188
Marin Raphaël	Brignoles	25
Marina Honoré	Cotignac	155
Marina Louis	»	155
Marmery Pierre	Marseille	119
Marroty François	»	46
Martelly Joseph	Riez	11
Martelly Marc-Antoine	Pertuis	91
Martin François	la Ciotat	181
Martin Honoré	Castellane	66
Martin Honoré	Toulon	110
Martina Antoine	Aix	157
Martineau Antoine	la Cadière	150
Martineng Estienne	Toulon	90
Martineng Joseph	»	15
Martineng Jean	»	90
Martineng Jacques	»	90
Martmon Michel	Sixfours	114
Martiny Antoine	Toulon	125
Martiny Honoré	»	89
Masenc Jean-François	Marseille	172

Masse Blaise	la Bréoule	156
Massue Gaspard	Toulon	49
Mathieu Antoine	»	177
Mathieu Claude	Apt	126
Matty François	Pertuis	46
Maunier Claude	Pertuis	112
Maunier Claude	Pignans	201
Maunier Jacques	Viens	119
Maure Balthazar	Cuges	119
Maure Lange	Cruis	120
Mauran Gaspard	Aups	131
Maurel Jean	Toulon	191
Maurel Noël	Digne	73
Maurice Antoine	Eyguières	96
Maurin Louis	Aups	23
Mauve Jean-François	Digne	14
Mazenot François	Marseille	60
Mazerat Frédéric	Marseille	123
Mazet Charles	Tarascon	70
Meinier Mathieu	Jouques	169
Mela Chauvin Jean	Beynes	172
Meluc Esprit	Forcalquier	46
Menard André	Hyères	85
Mercurin Simon	Lambesc	184
Merindol André	Cucuron	63
Mérindol François	Malemort	57
Merindol Nicolas	»	57
Merindol François	Noves	178
Merindol Philibert	Lambesc	124
Merle Just	Marseille	189
Meury Jacques	Lorgues	44
Meyfredi Jean-Baptiste	Aix	163
Meyssonnier François	Ampus	96
Michel Estienne	Marseille	153
de Michel François	»	79
Michel Jacques	Lançon	115
Mignot Balthazar	Marseille	32
Mignot Jean-Antoine	»	32
Mirabel Jean	»	206
Moissony Joseph	Draguignan	150
de Montenard Gaspard	Toulon	50
Montenard Pierre	Besse	31

Mougin Nicolas	Besse	12
Moular Charles	Marseille	56
de Moulat André	»	126
Moulat Elzias	»	103
Mouriès Antoine	Lorgues	126
Moustiers Antoine	Marseille	69
Moustiers André	»	168
Moustiers Jacques	»	61
Moustiers Pierre	»	88
Moustiers Simon	»	61
Moutet Blaise	Sisteron	178
Moutet Jean	Forcalquier	4
Moutet Pierre	»	119
Mouton Honoré	Grasse	91
Mouton Jean	Brignoles	11
Mouton César	Brignoles	35
Morizard Aymar	Sault	192
Nabon Balthazar	Frejus	105
Nabon Jean-François	St-Tropez	77
Nadal Jean	Puymichel	60
de Nans Pierre	Aups	61
Napolon César	Marseille	140
Napolon Jean	»	106
Napolon Louis	»	105
Natte Pierre	le Luc	125
Nègre François	Toulon	39
Nègre Thomas, Lieut' de galères	»	205
Negrel Esprit	Roquevaire	5
Neil Antoine	Grasse	75
Nigris Esprit	Fréjus	32
de Nigris Annibal	»	93
Nicolay Honoré	Reillane	45
Nicolay Jean-Baptiste(1)	»	45
Nicolay Laurent	Arles	204
d'Olivary François		197
d'Ollivier Antoine	Marseille	102
Olivier Bernardin	Pertuis	196
Olivier Gaspard	»	137
d'Olivier Charles	Arles	194
Olivier Jean	Comps	157

1. Il est appelé Guillaume sur une autre copie.

Olivier Jacques	Marseille	45
Olivier Pierre	»	55
Olivier Pierre	»	76
Olivier Pierre	Grasse	179
Ollon Alexandre	Sault	91
d'Orceil Jean-Joseph	Apt	148
d'Orsier Honoré	le Broc	209
d'Ortigues André	Apt	145
d'Ortigues François	»	145
d'Ortigues François, fils de Pierre	Marseille	146
d'Ortigues Pierre	»	146
d'Ortigues Jacques	Apt	145
d'Ortigues Paul-Antoine	»	143
Ovie Jacques	Sault	110
Pachet Charles	Forcalquier	86
Paladan Claude	Tarascon	126
Palas Georges	Apt	72
Pallas César	Marseille	162
Parisy Balthazar	Forcalquier	63
Pascal Boniface	Marseille	95
Passaire Gilibert	Simiane	61
Passaire Henri-Joseph	»	176
de Paul François	Marseille	41
Paul Guillaume	Brignoles	151
Paul Jean-François	»	4
Paul Jean	Marseille	13
Paul Jean	Cotignac	49
de Pauves Balthazar [Pavès (?)]	Toulon	178
de Pauves Jean [Pavès (?)]	Toulon	170
Payen Emmanuel	Marseille	107
Peau Barthélemy	Aix	150
Peautrier Joseph	Draguignan	55
Peissonel Jean	Lorgues	37
Pelicot Jean	Seillans	188
Pelissier Claude	Simiane	83
Pelissier Vincent	»	83
Pelissier Michel	Salignac	110
Pellas Jean	Comps	180
Pena François	Jouques	193
Périer Charles	Roumoules	125
Périer Jean	»	125
Perrache Charles	les Mées	69

Perrache Jean-Baptiste	les Mées	186
Perreaud, de Vitrolles, Antoine	Aix	35
Perremont Antoine	Grasse	27
Perret Antoine	Aix	104
de Perrin Charles	Marseille	202
Perrin Jacques	Aix	52
Perrin Jean	»	52
Perronne Antoine	Castellane	81
Peyremond Jean-Jacques	Grasse	6
Peyronselly Jean	Fréjus	15
Peyssonnel Esprit	Draguignan	197
de Pieds-Fossi Joseph	Digne	140
du Pin Antoine	Martigues	180
Piolle François	Forcalquier	149
Piolle Jourdan	Manosque	52
Piolle Jacques	»	86
Pioules Jean	Forcalquier	207
Plance Honoré	Riez	120
Plantin Honoré	Brignoles	65
Ponson Jean	Manosque	17
Portalier Antoine	Le Bausset	8
Portalis Lange	»	67
Portanier Antoine	Grasse	206
Portanier Reybaud	Brignoles	26
Porte André	Mons	18
Poujard Denys	Naves	179
Poujet Paul	Sault	70
Poumet Jean [ou Pommet]	Tarascon	190
Pourcelly Honoré	Fos	83
Pourtalier Jean	Bausset	8
Poussalon François	Marseille	189
Pontonnier Melchior	Cotignac	182
de Prats Antoine	Entrevaux	44
de Prats Esprit	»	44
de Prats Esprit	»	153
de Prats Jacques	»	154
Prats Jean-Baptiste	»	131
de Prats Raphaël	»	44
Provençal César	Apt	57
Provençal Jacques	Cotignac	55
Questin Guillaume	Tarascon	193
Rabier Alexandre	St-Maximin	148

de Rabier Balthazar	Annot	171
Rabillaud Jean	Aix	59
Raboly Antoine	»	145
Raboly Jean-François	»	145
Raboly Jean-Antoine	Marseille	62
Rafin Mathieu	Manosque	21
Ragony François	Lurs	5
Ragony François	»	208
Raphaelis Honoré	Draguignan	89
Raphaelis Joseph	»	166
Raphaelis Jean	»	166
Raphaelis Melchior	»	93
Raphaelis Pierre-Jean	»	161
de Rascas Antoine	Digne	183
Ravoty Esprit	Vidauban	16
Raybaud Louis	Brignoles	117
Raymoudi Honoré	Grasse	92
Réal François	Sisteron	22
Reboul Gaspard	Digne	60
Rebutty Balthazar	Marseille	190
Rebutty Jacques	»	107
Redordier Joseph	Aix	195
Reinier Guillaume	Chateaurenard	17
Revest Barthélemy	Marseille	98
Rey Alexandre	St-Savournin	42
Rey Roland	Apt	40
Reybaud Frédéric	Entrevaux	129
Raybaud Honoré	Entrevaux-de-la-Croix	185
Raybaud Pierre	Draguignan	185
Reynaud Gaspard	Reillane	43
Reynouard Joseph	Valensolle	40
Ribe Elzéar	Cucuron	51
de Ribe Jean	Estoublon	172
Ricard André	Riez	63
de Ricard André	Toulon	94
Richard Paul	Manosque	154
Richeaud Jean	Castellane	82
de R'chieu Francois	»	82
Richieu Jean-Baptiste	Riez	188
Rigord Honoré	Marseille	209
Rigoulet François	Apt	73
Rimbeau Antoine, fils de Jean	Marseille	10

Ripert André	St-Savournin	197
Ripert François	»	197
Ripert Jean	Apt	204
Ripert Joseph	»	204
Rissy Honoré	Aix	79
de Rives Alexandre	Sisteron	11
de Rives Claude	Valernes	80
de Rives Louis, sr de Tuzac	Toulon	205
Rival Jean-Baptiste	Aix	29
Robert Antoine	Naves	12
Robert Pierre	Marseille	185
Robert François	Valensolle et Lurs	36
Rochebrune Jean-Baptiste	Digne	13
Romany Antoine	Arles	13
Romany Claude	Forcalquier	63
Rondelet Pierre	Marseille	105
Rostani Honoré	Aix	164
Rostolan Balthazar	Aix	156
Roubeaud Jean-Louis	Sisteron	154
Rouquet César	Sieyès	2
du Roure Pierre	Marseille	1
Rous André-Paul	le Pel	10
Rous Accurse	Marseille	199
Rous Antoine	Mezel	200
Rous Honoré	»	153
Rous Guillaume	Pertuis	174
Rous Jean-André	»	103
Rous Nicolas	Marseille	199
Rous Pierre	Marseille	209
Rousset Balthazar	Brignoles	93
Rousselin Laurent	Riez	43
Roustang Jean	la Cadière	110
Roustagny Pierre	Aix	164
Salette Antoine	Mezel	6
Salette Jean-Louis	Lurs	31
de St-Chamas Joseph	Lambesc	129
de St-Chamas Ferrier	»	103
de St-Chamas Jean-Louis	»	129
de S-Jacques Balthazar	Marseille	93
de St-Jacques Estienne	»	32
de St-Jacques Guillaume	»	33
de St-Jacques Joseph	»	32

de St-Jacques Pierre	Marseille	33
de St-Jacques Vincent	»	97
de St-Martin Jean	Arles	146
de St-Martin Louis	Pertuis	27
Salva Jacques	Mison	18
Salva Jean-Clair	la Motte	109
Salvator Jean	Aix	18
Sambruc Jacques	la Coste	116
de Saqui Charles	Entrevaux	202
de Saqui Honoré	»	201
Savignon Barthélemy	Marseille	12
Savignon Jacques	»	94
Savignon Jean-Pierre	»	12
de Sault Marc-Antoine	»	52
Savournin Gédéon	Cadenet	78
Savournin Philippe	»	78
Savournin Dominique	Lourmarin	78
Savournin Léon	Lourmarin	191
Savournin Virgile	Lauris	167
Sauve Antoine	Verdaches	168
de Sauve Gaspard-Joseph	Volonne	111
Sauvecane Jean	la Tour d'Aygues	137
Saxy Jean-François	Arles	198
de Saxy St-Ferreol Louis	»	190
Seboulin Jean-Baptiste	Signe	182
Second Henri	Fayence	180
de Segnouret Louis	»	144
Seguier Jean	Hyères	27
Seigneuret Jean-Estienne	Apt	40
Seignoret Honoré	Marseille	144
Sermet Balthazar	le Val	92
Sermet Louis	le Val	57
Sermet Jacques	»	92
Serre Honoré	Barjols	96
Serre Jean-Louis	Marseille	118
Serre Pierre	Barjols	96
Sicard François	Marseille	150
Sicolle François	Toulon	88
Sigaudy Jean-Antoine	Sisteron	20
Sigoin François	»	3
Sigoin Jean-Baptiste	»	138
Silvestre Charles	Gordes	166

Silvestre François-Scipion	Gordes	179
Silvestre Jean	»	166
Silvestre Pierre	Sault	70
Silvestre Philippe	Manosque	75
Silverance Nicolas [Silvecane ?]	la Tour d'Aygues	128
Simian Angelin	Draguignan	185
Simian François	Fréjus	123
Simon Gaspard	Rognes	28
Simon Hugon, fils de Gaspard	»	28
Simon Jean-Gaspard	Rognes	28
Simon Joseph-Gaspard	Pertuis	28
Simon Pierre, fils de Gaspard	»	28
Simon Pierre	Castellane	87
Simon Pierre-Laurent	Aix	154
Sineti Barthélemy	Apt	123
Sineti Barthélémy	»	190
Sineti François	»	94
Sineti Henri	Apt	94
Siville Joachim	»	122
Soliers Jean-Antoine	Saignon	171
Soliers Martian	»	74
Soliers Sauveur	»	187
Subrevier Jean	Pertuis	65
Surian Joseph	St-Chamas	87
Surian Pierre	»	157
Surle François	Draguignan	207
Surle Jean	»	206
Talamer Jules	Lorgues	43
Talamer Jean	»	93
Tambourin Jean	Marseille	190
Tambourin Jean-Baptiste	»	190
Téran André	»	44
Tertulle Antoine-Félix	Sixfours	174
Testoris Jean	Draguignan	124
Théas François	Grasse	117
Théas Arnaud	»	117
Théas Jacques	»	117
Théric Estienne	Marseille	72
Thoron Esprit	Digne	143
Thanneron Jean	Cotignac	50
Tourna François	Aix	83
Tourniaire Honoré	Digne	100

Tourniaire Jacques	Digne	100
Tourniaire Jean	»	100
de Touzel Jourdan	Marseille	152
Traversery Maurice	Aix	62
Tricourt Nicolas	»	56
Tronc Antoine	Abaye	148
Tiran Pierre	Marignane	159
Turc Esprit	Martigues	163
Turc Gilles	»	163
d'Ubaye François	Cannes	76
d'Ugonis Jean	Toulon	112
d'Ugonis Louis	»	177
d'Upaix François	Aix	25
Upaix Pascal	la Tour d'Aygues	86
de Vachières Charles	Apt	32
de Vachières Jean-François	Vachières	168
Vaccon Louis	Marseille	63
Vaccon Louis	St-Tropez	108
Valansan Melchior	Forcalquier	163
Valence Henri	Roquebrune	184
Valence Jean, fils d'Henri	»	184
Valeran Joseph	Hyères	86
Valériole Nicolas	Arles	1
Velin Estienne	Marseille	138
Venture André	Marseille	117
Venture Henri	»	45
Venture Jean-Baptiste	»	108
Veirery Pierre	Pignans	139
de Veissière François	Fréjus	145
Verdillon Balthazar	Toulon	103
Verdillon Charles	»	79
Vernet Barthélemy	Marseille	72
Vialis Henri	Pignans	115
Vialy Scipion	Aix	46
Viany Joseph	»	102
Vicary Jacques	Noves	11
Vidal Esprit	Toulon	116
Vidalon Gaspard	Arles	56
Viguier François	»	203
Viguier Jean	»	204
Viguier Philippe	la Cadière	15
Villeneuve Balthazar	Marseille	77

Villeneuve Louis	Marseille	76
Villèles Marc	Châteaurenard	116
Villon François	St-Maximin	189
Vily Honoré	Fréjus	19
Vincens Jérôme	Aix	167
Vincens Jean	Mison	18
Vincens Antoine, père	St-Remy	202
Vincens Pierre	St-Rémy	4
Vincens Paul	»	194
de Virelle Jules	Marseille	205
Virgilly Jean-François	St-Maximin	164
Vitalis Splendian	Roquebrune	164
Voube Gaspard	Sagreste	169

Bergerac. — Imp. Générale du Sud-Ouest (J. Castanet)
PLACE DES DEUX-CONILS